FUNÉRAILLES

DE

NAPOLÉON III

Procès-verbal rédigé

PAR

LE DUC DE CAMBACÉRÈS

GRAND MAÎTRE DES CÉRÉMONIES

avec la

LISTE ALPHABÉTIQUE
DES VISITEURS DE CHISLEHURST

PARIS
LIBRAIRIE GÉNÉRALE
BOULEVARD HAUSSMANN, 72

1873

FUNÉRAILLES

DE

NAPOLÉON III

IL A ÉTÉ TIRÉ :

Cent *exemplaires numérotés sur papier de Hollande;*
Deux *sur peau de vélin;*
Deux *sur parchemin.*

Imprimerie Alcan-Lévy, 61, rue de Lafayette.

FUNÉRAILLES

DE

NAPOLÉON III

Procès-verbal rédigé

PAR LE

DUC DE CAMBACÉRÈS

GRAND MAÎTRE DES CÉRÉMONIES

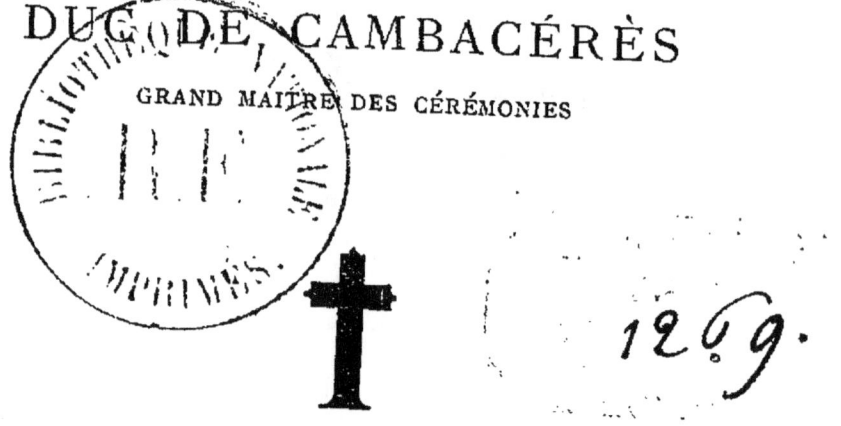

PARIS
LIBRAIRIE GÉNÉRALE
BOULEVARD HAUSSMANN, 72

—

1873

FUNÉRAILLES
DE
NAPOLÉON III

L'Empereur Napoléon III (Charles-Louis), né à Paris, le 20 avril 1808, est mort à Camden-Place, Chislehurst, comté de Kent, le 9 janvier 1873, à dix heures cinquante-cinq minutes du matin.

Depuis ce moment jusqu'à la fermeture du cercueil, le corps de l'Empereur a été gardé par MM. le duc de Bassano, le comte Davilliers, le comte Clary, le docteur Conneau, le baron Corvisart, Franceschini Piétri et Filon.

A ces personnes se sont jointes successivement S. A. le prince Napoléon-Charles

Bonaparte, le baron de Montbrun, le marquis d'Havrincourt, le vicomte Onésime Aguado et le baron Lambert. Deux sœurs de Bon-Secours priaient continuellement près du corps de l'Empereur, ainsi que les princesses de la famille, les dames de l'Impératrice et des maisons impériales.

L'autopsie a eu lieu le 10, à trois heures et demie de l'après-midi, par le profeseur Burdon-Anderson, en présence de MM. le docteur Conneau, le baron Corvisart, sir H. Thompson, Jean-T. Glover, qui ont signé le procès-verbal d'autopsie.

L'embaumement a été fait le lendemain, par M. Gastine.

Le comte Davilliers, le comte Clary, le docteur Conneau et M. Franceschini Piétri, aidés des valets de chambre Gouttelard et Muller, ont alors procédé à l'habillement du corps.

Le corps a ensuite été placé dans une bière en bois d'orme, recouverte de plomb à l'extérieur et tapissée intérieurement d'étoffe blanche.

L'Empereur était revêtu de l'uniforme de général de division, petite tenue, avec le ceinturon et l'épée au côté. Le képi était placé aux pieds de Sa Majesté.

L'Empereur portait sur la poitrine :

1° Un crucifix en nacre ; de chaque côté ont été placées, par les soins de l'Impératrice, une fleur naturelle et une fleur artificielle ;

2° Le grand cordon et la plaque de l'ordre impérial de la Légion d'honneur, et la croix en argent de chevalier de la Légion d'hon- d'honneur ;

3° La médaille militaire fondée par Sa Majesté ;

4° La médaille française d'Italie ;

5° La médaille en or de la valeur militaire d'Italie ;

6° Et le glaive de Suède.

Les mains de l'Empereur étaient croisées sur la poitrine, la gauche posée sur la droite, tenant une paire de gants blancs.

L'Empereur portait à l'annulaire de la main

gauche l'anneau de son mariage, et au petit doigt de la même main l'anneau de Napoléon Ier. Au côté gauche du corps avaient été déposées des photographies de S. M. l'Impératrice et de S. A. I. le Prince Impérial.

La bière a été placée au milieu de la chambre à coucher de l'Empereur et devant le lit, sur des tabourets couverts de tentures noires.

Sur une table, au pied de la bière, était une statue de la Vierge.

Dans plusieurs conférences tenues entre S. A. I. le prince Napoléon, M. Rouher, le duc de Bassano, le général comte Fleury, le prince de la Moskowa, le duc de Cambacérès, etc., et auxquelles prit part lord Sidney, grand chambellan de S. M. la reine de la Grande-Bretagne, il fut décidé, conformément aux désirs exprimés par l'Impératrice et le Prince Impérial, qu'on donnerait aux funérailles de l'Empereur le caractère de la plus grande simplicité.

Le samedi 11 janvier, S. A. R. le prince de Galles est venu à Camden-Place, accompagné d'un aide de camp, et a été reçu à la porte du vestibule par LL. AA. les princes Joachim et Achille Murat. Son Altesse Royale a été conduite dans le grand salon du rez-de-chaussée, où sont successivement venus le rejoindre S. A. le prince Charles-Napoléon Bonaparte, S. A. I. la princesse Marie-Clotilde-Napoléon, S. A. I. le prince Napoléon et S. A. I. Mgr le Prince Impérial.

Le prince de Galles est resté plus d'une

demi-heure avec Son Altesse Impériale, lui parlant dans les termes les plus sympathiques. Le Prince a été reconduit jusqu'au seuil par le Prince Impérial et jusqu'à sa voiture par les autres princes, suivis du grand chambellan et des officiers de la Maison de Camden. Le Prince Impérial, rentré alors dans la galerie, a parcouru avec une émotion profonde, mais dignement contenue, cette galerie où se tenaient debout un grand nombre de personnes venues de loin pour saluer son malheur.

La grande galerie de Camden et le *hall* qui s'ouvre au milieu de cette galerie, en face de la porte principale, ont été entièrement tendus de noir. Au fond du *hall*, sur la tenture noire, se détache une grande croix blanche; sur les parois latérales, le chiffre impérial surmonté d'une couronne.

Le cercueil a été descendu le 13 janvier à neuf heures du matin, et placé, au milieu du *hall*, sur une estrade disposée en plan incliné et recouverte d'une draperie de velours violet, qui était rehaussée aux quatre coins d'un N couronné, brodé en or.

Autour du cercueil, des candélabres et chandeliers d'argent portant des cierges.

En arrière, un crucifix de bronze sur une table drapée de noir. En avant, une autre table, plus petite, également drapée de noir, sur laquelle repose un plat d'argent contenant de l'eau bénite et un rameau de buis bénit. Au pied du cercueil, un monceau de bouquets et de couronnes envoyés de France.

Pendant l'exposition, le cercueil a été continuellement gardé par six officiers, qui se relevaient de deux heures en deux heures. Un grand officier et cinq autres officiers de la Couronne composaient chaque fois ce service d'honneur. Un des ecclésiastiques de la Chapelle impériale se tenait également dans la chapelle ardente, ainsi qu'une des deux sœurs ayant gardé l'Empereur (1).

A onze heures et demie, S. A. R. le prince de Galles, le duc d'Edimbourg et le prince Chrétien de Schleswig-Holstein sont arrivés à Camden-Place. Leurs Altesses Royales ont été reçues à la porte latérale de la galerie par le

---

(1) Ont pris part à ce service les abbés Laine, Métairie, Puyol, chapelains de l'Empereur ; Ouin-la-Croix, secrétaire général de la grande aumônerie ; Baüer, Cadoret, chanoine de Saint-Denis, et Morin, ancien aumônier de la garde impériale

duc de Bassano et le duc de Cambacérès, qui les ont conduites à la chapelle ardente, d'où les princes de la famille d'Angleterre sont montés chez Sa Majesté l'Impératrice. En descendant de chez Sa Majesté, ils sont revenus à la chapelle ardente pour rendre leurs derniers devoirs aux restes mortels de l'Empereur Napoléon III. Ils ont été reconduits par le grand chambellan et le grand maître des cérémonies.

Le Prince Impérial alla alors s'agenouiller devant le cercueil de l'Empereur et lui jeter l'eau bénite, puis il remonta chez l'Impératrice.

A midi, les portes ont été ouvertes au public immense qui, depuis le matin, se pressait depuis la station du chemin de fer jusqu'aux grilles du parc de Camden-Place, contenu par des policemen à pied et à cheval, et le défilé a commencé. On entrait par groupes successifs dans le parc; de là, on pénétrait dans la galerie par la porte latérale et l'on sortait par la salle à manger. Les portes devaient être fermées à quatre heures, elles sont restées ouvertes jusqu'à six heures, vu l'affluence considérable qui s'est présentée pour être admise. Cette foule, évaluée à plus de soixante-deux mille personnes, s'est écoulée avec le plus grand calme et le plus profond recueillement. Elle était entièrement vêtue de deuil.

Le drapeau tricolore, qui flotte sur la résidence, était descendu à mi-mât et recouvert d'un crêpe.

Le mardi 14 janvier, à neuf heures et demie du soir, le duc de Bassano, grand chambellan, a procédé à la description de l'état du corps de l'Empereur dans sa bière et a constaté, par un procès-verbal, tous les faits relatifs à la fermeture du cercueil. Aux pieds de l'Empereur ont été mis les bouquets et les couronnes d'immortelles qui avaient été déposées autour du cercueil pendant l'exposition du corps. Des bandes doubles de ouate ont été étendues sur le visage et sur la poitrine ; un drap de batiste marqué d'un N couronné a été placé sur les jambes et sur les pieds.

Le couvercle, revêtu de plomb à l'extérieur et doublé à l'intérieur d'étoffe blanche, a été apposé à dix heures vingt minutes, et on a procédé aussitôt à la soudure de ce couvercle.

Sur le couvercle est une plaque de plomb portant l'inscription suivante :

NAPOLÉON III
EMPEREUR DES FRANÇAIS
NÉ A PARIS
LE 20 AVRIL 1808
MORT A CAMDEN-PLACE
CHISLEHURST
LE 9 JANVIER 1873
R. I. P.

Le cercueil en plomb a ensuite été déposé dans un autre cercueil en bois d'acajou, recouvert de velours violet, garni de clous dorés et de huit poignées en cuivre doré.

Ce cercueil est, à l'intérieur, doublé d'étoffe

blanche. Le couvercle du second cercueil est recouvert de velours violet et bordé de clous en cuivre doré. Au milieu de la surface extérieure de ce couvercle est fixée une plaque en cuivre doré, sur laquelle est gravée la même inscription que celle placée sur le couvercle du cercueil, garni de plomb. Au-dessus de l'inscription est une couronne impériale; au-dessous, une croix dorée.

Étaient présents:

S. A. Mgr le prince Napoléon,

S. A. le prince Louis-Lucien Bonaparte,

S. A. le prince Joachim Murat,

S. A. le prince Napoléon-Charles-Jérôme-Jacques-Philippe-Grégoire Bonaparte,

S. A. le prince Achille-Louis-Napoléon-Murat,

MM. Rouher, ancien ministre d'Etat,

Le général comte Fleury, grand écuyer de l'Empereur,

Le général prince de la Moskowa, grand veneur de l'Empereur,

Le duc de Cambacérès, grand-maître des cérémonies de l'Empereur,

Le docteur Conneau, premier médecin de l'Empereur,

Davilliers, comte Regnauld Saint-Jean-d'Angély, premier écuyer de l'Empereur,

Le comte Clary, aide de camp de S. A. I. le Prince Impérial,

Le baron Corvisart, médecin ordinaire de l'Empereur, adjoint au premier médecin de l'Empereur,

L'abbé Laine, chapelain de l'Empereur,

L'abbé Cadoret, chanoine de Saint-Denis,

Franceschini Piétri, secrétaire particulier de l'Empereur,

Filon, précepteur de S. A. I. Mgr le Prince Impérial.

Le procès-verbal, en quatre originaux, a été signé par toutes les parties présentes à la cérémonie, et fut clos et scellé des armes de l'Empereur, à Camden-Place, à minuit moins un quart.

Cependant l'église Sainte-Mary de Chislehurst avait été disposée pour les funérailles.

Le chœur de l'église était tendu d'étoffe noire ; la draperie derrière l'autel portait une grande croix blanche, les parois latérales du chœur étaient garnies d'écussons aux armes de l'Empereur ; les croisées de la nef étaient voilées d'étoffe noire ; le plancher du chœur, ainsi que le chemin de la nef à la porte extérieure, étaient couverts de tapis noirs.

Les siéges du chœur et d'une partie des

banquettes de la nef étaient également tendus d'étoffes noires.

Un fauteuil et un prie-Dieu avaient été préparés pour S. A. Mgr le Prince Impérial à gauche de l'entrée du sanctuaire, côté de l'Evangile. En arrière et du même côté, les siéges de LL. AA. II. le prince Napoléon, la princesse Marie-Clotilde Napoléon et la princesse Mathilde; de LL. AA. le prince Louis-Lucien Bonaparte, le prince Joachim Murat, le prince Napoléon-Charles Bonaparte, le prince et la princesse Achille Murat, et de madame la princesse Caroline Murat.

Du côté droit, côté de l'épître, le fauteuil avec prie-Dieu de l'évêque de Soutwark, les siéges de M. Goddard, curé de la paroisse de Sainte-Mary, et des ecclésiastiques attachés à l'église, ou assistant l'évêque. Les membres du clergé français devaient se placer derrière la balustrade fermant le chœur de chaque côté de l'entrée.

Les quatre premières banquettes de la nef,

placées de manière à faire face au catafalque, étaient réservées, la première à M. Rouher et aux grands officiers de la couronne, qui ne l'ont point occupée ; les trois autres banquettes, au duc de Mouchy et à la duchesse de Mouchy, née princesse Anna Murat, aux autres membres de la famille de l'Empereur; au duc de Huescar, parent de S. M. l'Impératrice ; à madame l'amirale Bruat, gouvernante des enfants de France, accompagnée de sa fille; à madame la maréchale de Saint-Arnaud, madame la maréchale Canrobert, madame la maréchale duchesse de Malakoff, madame la maréchale comtesse Regnaud Saint-Jean-d'Angély, madame Rouher accompagnée de sa fille, la marquise de La Valette, madame Ducos, madame la comtesse Fleury, madame la princesse de la Moskowa

Les autres banquettes du côté gauche de la nef faisant face à l'autel, les premières seulement drapées d'étoffe noire, étaient réservées aux dames de la maison de l'Impératrice, aux femmes des officiers des maisons impériales et aux dames françaises étrangères.

Du côté droit de la nef, côté de l'épître, faisant face au catafalque, un siége avec prie-Dieu près de la balustrade, pour lord Sidney, premier chambellan représentant la Reine, et un peu en arrière de ce fauteuil, deux banquettes avec prie-Dieu destinées au lieutenant-général lord Bridport, écuyer de la Reine, accompagnant lord Sidney; lord Suffield, représentant S. A. R. le prince de Galles; le colonel honorable W. Colville, S. A. R. le duc d'Edimbourg; le lieutenant Fitzgerald, S. A. R. le prince Arthur; le colonel Gordon, S. A. R. le prince Christian de Schleswig-Holstein et des représentants du duc de Cambridge.

Du même côté, faisant face à l'autel et après la grille de l'entrée de la chapelle où est placé le cénotaphe dans lequel doivent être déposés provisoirement les restes mortels de l'Empereur Napoléon III, les banquettes avec prie-

Dieu, dont une partie seulement tendue d'étoffe noire, réservées aux ambassadeurs et ministres étrangers (sur la première banquette ont été placées, avec le corps diplomatique, lady Sidney, lady Clarendon, la comtesse Cowley), aux officiers de l'armée italienne chargés de représenter l'Italie, au lord-mayor, aux shérifs et sous-shérifs de la ville de Londres, au lieutenant général sir Lintorn Primmons, gouverneur de l'Académie royale militaire de Woolwich, et à huit élèves de cette école, aux maréchaux et amiraux et aux anciens ministres à portefeuille de l'Empereur, aux anciens préfets de la Seine et de police, aux membres du corps diplomatique français, aux généraux de l'armée française de terre et de mer, aux sénateurs, députés au Corps législatif et à l'Assemblée nationale, conseillers d'Etat, et à quelques membres des députations françaises et étrangères; aux docteurs anglais ayant soigné l'Empereur.

En avant du catafalque, deux tabourets

pour les deux religieuses ayant gardé l'Empereur.

De chaque côté de ce catafalque, recouvert en drap violet, trois flambeaux portant chacun un cierge en cire jaune.

Le grand maître des cérémonies de l'Empereur, le baron de Lajus, maître des cérémonies, introducteur des ambassadeurs, Puech-Cazelles, aide des cérémonies de l'Empereur, furent chargés de surveiller l'organisation du cortége, ainsi que les officiers de l'Empereur ci-après nommés :

Le vicomte Olivier Walsh, le marquis de Conégliano, le duc de Trévise, le vicomte du Manoir, le baron de Corberon, le comte d'Ayguesvives, le comte de la Poëze, chambellans ; le baron de Montbrun, le commandant Rolin, le marquis de Castelbajac, Rainbeaux, le baron Bourgoing, écuyers.

De distance en distance se tenaient des policemen avec un écriteau à la main pour fixer la place des grands dignitaires et des députations qui devaient se rendre directement à Camden-Place avant dix heures du matin.

La levée du corps a été faite à dix heures et demie par le clergé de la chapelle impériale.

Après la levée du corps, le cercueil, couvert d'un drap de velours violet avec grande croix bordée en or et chargé de couronnes et de bouquets, a été porté dans le char funèbre, et le cortége s'est mis en marche dans l'ordre ci-après :

Une députation des ouvriers de Paris, dont un membre portait un drapeau tricolore ;

Le clergé français ayant procédé à la levée du corps ;

Le char funèbre, orné de panaches noirs, attelés de huit chevaux caparaçonnés de noir.

A droite et à gauche du char marchaient,

dans l'ordre suivant, les personnes qui habitaient avec l'Empereur à Camden-House : MM. le duc de Bassano, comte Davilliers, comte Clary, docteur Conneau, docteur baron Corvisart, Franceschini Pietri, Filon, Conneau fils ; puis le général comte Fleury, le prince de la Moskowa, le duc de Cambacérès et le général Frossard.

Derrière le char :

S. A. I. Monseigneur le Prince Impérial, assisté de S. A. I. le prince Napoléon ;

LL. AA. le prince Louis-Lucien Bonaparte ;
— le prince Joachim Murat ;
— le prince Napoléon-Charles Bonaparte ;
— le prince Achille Murat ;

M. le duc de Huescar, neveu de S. M. l'Impératrice ;

Les représentants de la reine de la Grande-

Bretagne et de LL. AA. RR. les princes de la famille de la reine dénommés plus haut;

Les officiers généraux représentant l'armée d'Italie;

Les ambassadeurs et ministres étrangers;

Le lord-mayor, les shérifs et les sous-shérifs de la ville de Londres et huit élèves de l'école de Woolwich;

Les maréchaux et amiraux;

Les anciens ministres à portefeuille;

Les anciens préfets de la Seine et de police;

Les membres du Corps diplomatique français;

Les généraux et officiers de l'armée française de terre et de mer;

Les officiers de la maison militaire et de la maison civile de l'Empereur, de l'Impératrice et du Prince Impérial;

Les officiers des princes et princesses de la amille impériale;

Les sénateurs;

Les députés au Corps législatif et à l'Assemblée nationale;

Les conseillers d'État;

Les députations françaises et étrangères.

Le cortége s'est mis en marche au milieu d'une foule immense, généralement vêtue de deuil, qui couvrait les *commons* de Chislehurst.

A l'arrivée à l'église, le cercueil a été descendu du char par les porteurs qui l'y avaient placé.

Les restes mortels de l'Empereur Napoléon III ont été reçus à la porte du cimetière par l'évêque de Southwark, assisté de ses grands vicaires et du curé de Sainte-Mary.

La bière a été introduite dans l'église

et placée au milieu de la nef, à l'entrée du chœur.

Le duc de Cambacérès a conduit à sa place, dans le chœur, S. A. I. Mgr le Prince Impérial et les princes du sang qui le suivaient.

S. A. I. le prince Napoléon et S. A. I. le prince Louis-Lucien Bonaparte se sont tenus debout à gauche de Mgr le Prince Impérial.

Une grande partie des officiers de la Maison qui devaient se tenir derrière le catafalque n'ont pu pénétrer dans l'église et sont restés dans le cimetière, ainsi qu'un grand nombre des personnes du cortége.

L'office religieux a ensuite été célébré par l'évêque, assisté de ses vicaires, du curé et du clergé de l'église.

A la fin de la messe, l'évêque et ses assistants et tout le clergé se sont rangés devant le catafalque pour dire les prières et donner l'absoute, en tournant deux fois autour du catafalque, l'aspersoir à la main.

Ensuite le cercueil a été enlevé du catafalque

et déposé dans la petite chapelle latérale, à droite de la nef, désignée pour la sépulture provisoire de Sa Majesté. La grille a été immédiatement refermée.

Le grand maître des cérémonies a été chercher S. A. I. Mgr le Prince Impérial pour le conduire à la porte de la chapelle. Le curé de l'église a présenté l'aspersoir au Prince, qui s'est agenouillé et, après une courte prière, a jeté de l'eau bénite sur le cercueil de l'Empereur.

Le Prince est ensuite sorti pour retourner à Camden-Place ; les princes l'ont suivi, après avoir jeté successivement l'eau bénite.

Après la cérémonie, les Français qui avaient assisté à la cérémonie ont été reçus par S. A. I. le Prince impérial. Son Altesse Impériale s'est tenue dans le grand salon, où sont seulement entrées la famille de l'Empereur et les dames des maisons impériales.

Son Altesse a ensuite reçu les dames.

Pendant cette réception, toutes les autres

personnes ont été rangées sur deux lignes dans le parc. Son Altesse Impériale, suivie des princes et des grands officiers de la Couronne, a passé devant elles.

Le jeudi 16 janvier, à deux heures de l'après-midi, Sa Majesté l'Impératrice devant descendre dans les appartements du rez-de-chaussée pour recevoir les personnes ayant pris part à la cérémonie funèbre du 15, le grand maître des cérémonies, assisté des officiers de son service, a veillé au placement des personnes qui se trouvaient à Camden-Place.

Les dames ont été conduites et rangées dans la salle à manger; les princes et princesses, les officiers généraux de la députation de l'armée d'Italie, les membres du Corps diplomatique étranger, les maréchaux, amiraux, anciens ministres à portefeuille, préfet de la Seine et préfet de police, les membres du Corps diplomatique français, les généraux et officiers de l'armée française et les principaux officiers des maisons civile et militaire impériales; les sénateurs ont été placés dans le grand salon; les députés au Corps législatif et à l'Assemblée nationale, les conseillers d'Etat, les préfets et sous-préfets dans le salon bleu; la plupart des officiers des maisons impériales, les membres du clergé, les anciens membres de l'administration impériale, plusieurs représentants des délégations ouvrières, etc., ont été rangés des deux côtés de la galerie et autour du *hall*.

Sa Majesté l'Impératrice est descendue de ses appartements, accompagnée des princesses, précédée du grand chambellan et du grand maître des cérémonies, et suivie de ses dames du palais, du comte Davillers et du comte

Clary. Sa Majesté a commencé par entrer dans la salle à manger, où les dames étaient réunies.

Elle a fait le tour des appartements, et toutes les personnes présentes ont eu l'honneur de lui baiser la main. Sa Majesté est ensuite remontée dans ses appartements, appuyée au bras du Prince Impérial.

Le lendemain, l'Impératrice a reçu dans ses appartements les députés et les personnes qui, avant de retourner en France, venaient prendre congé de Sa Majesté.

Fait à Camden-Place, Chislehurst, le 18 janvier 1873.

Le grand maître des cérémonies,

Cambacérès.

LISTE ALPHABÉTIQUE

DES

VISITEURS A CHISLEHURST

On lit dans le journal l'*Ordre* du jeudi 30 janvier 1873 :

On a tour à tour exagéré ou atténué le nombre des Français qui se sont rendus en Angleterre pour assister aux funérailles de l'Empereur. Ceux-ci l'ont évalué à 600, ceux-là à 5,000. La vérité se trouve entre ces deux chiffres. Il résulte des renseignements authentiques fournis à la fois par les personnes chargées d'organiser le cortége et par les agents de la police anglaise devant lesquels il défila, que trois mille et quelques Français suivaient le char funèbre. Nous aurions voulu pouvoir recueillir les noms de tous ces courtisans du malheur. Mais le plus grand nombre ne s'étaient pas inscrits sur les registres déposés à la grille de Camden-House.

En parcourant ces registres, en interrogeant les souvenirs de ceux qui assistaient avec nous à la cérémonie des obsèques, nous n'avonst donc pu faire qu'un dénombrement fort incomplet. Cependant, la liste que nous avons ainsi composée étant beaucoup plus considérable qu'aucune de celles qui ont paru jusqu'à ce jour, nous croyons devoir la publier (1), en supprimant seulement, par convenance, le nom d'un certain nombre d'officiers.

---

(1) Nous publions cette liste, telle que le journal la donne, c'est-à dire dans l'ordre alphabétique, mais non syllabique, des personnages cités.

A

Duc d'ABRANTÈS.
ABBATUCCI, député.
ANDRÉ (de la Charente), député.
Édouard ANDRÉ, ancien député.
Comte Olympe AGUADO.
Vicomte et vicomtesse Arthur AGUADO.
Vicomte et vicomtesse Onésime AGUADO.
ATKINSON.
Comte de l'ANGLE-BEAUMANOIR, anc. sous-préfet.
Comte d'AYGUESVIVES, ancien député.
Comte d'ARJUZON, ancien député.
Vicomte d'ARJUZON.
M. et madame AUGER.
Louis ARNOULT.
Madame ARCOS.
AIGOIN, ancien receveur des finances.
D'ALMBERT.
D'AURIBEAU, ancien préfet.
Mademoiselle ANCEL.
ALESSANDRI.
ARCHAMBAULT.

Jules Amigues.

Georges Amigues.

M. et madame Adelon.

Marcus Allart.

Charles Aubert.

Albertini, journalier.

M. et madame Auberligue.

Louis-Napoléon Amat.

Alexandre, négociant.

Madame et mesdemoiselles Alexandre.

Auger, ingénieur civil.

Agrenol, étudiant.

Aubert (Francis).

Angelini.

Aguery.

B

Le prince Fernand de Bourbon.
Le prince Louis de Bourbon.
Général baron de Béville.
Pierre de Béville.
Boittelle, ancien préfet de police.

Bourlon de Rouvre, ancien préfet.

Bernier, magistrat.

Benard, ancien adjoint.

Du Bosc.

L'abbé Boudier.

Madame l'amirale Bruat.

Baron de Bourgoing, ancien député.

Baronne de Bourgoing.

Pierre de Bourgoing.

Duc de Bassano.

Baron de Bastard, ancien sous-préfet.

Besson, ancien conseiller d'Etat.

Bataille, ancien conseiller d'Etat.

Bayard, ancien maître des requêtes.

Boulanger-Cavé.

Comte de Bonald.

Général Blanchard

Bouin,

A. Baroche.

Burelle.

Bidalle.

Vicomte Berthier.

Vicomte Boulay (de la Meurthe).

A. Brulé.

D. Brulé.
J. Brulé.
Béhic, ancien ministre.
Blanc.
De Beauvoir.
Brassier, ancien préfet.
Bellepêche, cultivateur.
Emile Blavet.
Louis-Napoléon Blanchetot, cultivateur.
Albert Bouard, ancien maître des requêtes.
E. Bourdin.
Comte Constantin Branicki.
Comte Xavier Branicki.
De Bosredon, ancien conseiller d'État.
Brufel.
Ernest Bergman.
Brossel.
Bricage, horticulteur.
Baujemont, négociant.
Bruschard, avocat.
M. et madame Barrachin.
Ferdinand Barrot, ancien ministre.
Frédéric Barrot.
Bergognié, ancien préfet.

Bergognié, ancien magistrat.

Barbier.

A. et E. Blount.

Comtesse de Beaumont, née de Castres.

Comte de Bouville, ancien préfet.

Besson, ancien conseiller d'État.

Busson-Billault, ancien ministre.

Julien Busson-Billault.

Comte de Butenval, ancien sénateur.

Comte Benedetti, ancien ambassadeur.

Comtesse de Beaulaincourt, née de Castellane.

Bernard.

M. et madame Léon Bray.

Belliard, ancien député.

G. Bartram.

Vicomtesse de Brimont.

Bartholony, ancien député.

Boinvilliers, ancien sénateur.

Boinvilliers, ancien maître des requêtes.

Baron Louis de Benoist.

Baron Constant de Benoist.

Brunon.

Brunel.

Brouot.

Madame BAZIN.
BATBEDAT, secrétaire d'ambassade.
BELLER-BOULANGER.
Baron de BARRAL, ancien sous-préfet.
BOUSSIN, boulanger à Pantin.
Henri BLANCHET.
BRIDOT.
BRUNET.
E. BIROTTEAU, ancien député.
Général vicomte BERTRAND.
DE BOURSE.
P.-J. BENEDETTI.
BEAUMONT.
De BOURSETTY, raffineur (Honfleur).
BERRIER-BARRAS.
Madame BOUELLE-SANTINI.
Joseph BRUEL.
BOUTOILLE-LEBÈGUE.
BROSSEL.
Eugène BONNAT.
Madame BATTESTI.
Auguste BUTTEL.
Louis BELLOC.
François BOELL.

Bruneau.
Bellacq.
Jules Brunehaut.
Biondetti.
Bisson.
Barberin.
Barbet de Vaux.
Monsieur et madame Bettens.
Napoléon Bettens.
Monsieur et madame Bertrand-Hue, de Troyes.
Baron de Beauverger, ancien député.
Arthur de Beauverger, ancien député.
Madame veuve G. Brossard.
Madame Emile Bonnet.
Bohat, ancien préfet.
Alphonse Brière.
Maurice Barbet.
Balthazard.
Blaize.
Bonnet, ancien tambour-major de la garde.
Louis Borelle.
Boyer.
Cassius Boyer, ancien maire de Paris.
Bernard-Derosne.

C

Cendrier, peintre en bâtiments.

Comte de Comminges-Guitaud, ancien ministre plénipotentiaire.

Comtesse de Comminges-Guitaud.

L'abbé Castaing, chanoine de Saint-Denis.

L'abbé Cadoret, chanoine de Saint-Denis.

Henri Chevreau, ancien ministre.

Madame Henri Chevreau.

Urbain Chevreau.

Comte Raynald de Choiseul.

Calamatta.

Comte et comtesse Clary.

Le maréchal et la maréchale Canrobert.

Le marquis de Castelbajac.

Madame Carette.

Le comte de Cossé-Brissac.

Le général Castelnau.

Le duc de Cambacérès.

Le marquis de Conegliano, ancien député.

Docteur Coffin.

Commelin.

Caradant, négociant.
Amédée Calvet-Rogniat.
Madame Carpeaux de Montfort.
Caillé, ancien chef de bureau au ministère de la guerre.
De Capdebielle.
Louis Collin.
Carpeaux, sculpteur.
Henri Cellin.
Carlotti, cordonnier.
Marquis de Colbert-Chabannais, ancien député.
E. Corvée.
Camille Cauvin.
Prince et princesse Jean Czewetzinski.
Colson, tourneur en cuivre.
Compresse, mécanicien.
Catayolle, ouvrier.
Consalvy, imprimeur.
Comte Paul de Champagny, ancien député.
Cottin, ancien conseiller d'Etat.
Robert-Cottin.
Marquis de Chasseloup-Laubat, ancien ministre, député.
De Casamayor.

Comte de Contades.
Comte Pierre de Castellane.
Cornuau, ancien préfet.
Madame Cornuau.
Marquis Bertrand de Caumont La Force.
Contanseau.
Général Chauchard.
Chaix-d'Est-Ange.
Docteur Campbell.
Cazeneuve, ancien sous-préfet.
Chavet.
Vice-amiral Choppart.
Madame Cherey.
Caumont, coiffeur.
Caranot, cordonnier.
Capitaine.
Auguste Coulombel.
J. de Carreras.
Cazalis.
Louis de Croix.
De Callant.
Cordier, ex-instituteur.
Louis Cordier.
Et. Cazalis, avocat.

Frédéric Cazalis.
Cordier fils.
Denis de Casabianca, étudiant.
Clabault.
Etienne Castelli, étudiant.
Claude.
Cornetet.
Coussigné, marchand de vins.
Collin, imprimeur.
Cunéo d'Ornano.
Chauvelot.
Chautard.
Canquoin.
Chemery.
Combes.
Docteur Coffin.
Chastenet-Beaulieu.
L. Conti.
Charles fils.
B. de Cazenove.
Courtois.
Collot, boucher à Pantin.
Ch. Collignon.
Conchon, architecte.

E. Cormier.
Charançonnet.
Général Canu.
Clésinger, sculpteur.
Cube-Debeille, employé de commerce.
Carliste, cordonnier.

D

Baron Victor Duperré, capitaine de vaisseau.
Desmazes.
J. Delcros, négociant.
Delaunay.
Félix Damoiseau.
Deprés, ingénieur.
Dasté, négociant.
Devoye.
Delarue, chauffeur.
Dumaïs, ouvrier.
Dubois de l'Estang, conseiller maître à la cour des comptes.
Madame Dubois de l'Estang.
Delanoue-Billault.
Eugène Delessert.

Duvergier.
Gabriel Dupuy.
Isidore Dupuy.
Marius Dallet.
Daroux.
E. Dumars.
Clément Duvernois, ancien ministre.
Decan, négociant.
Daguilhon-Pujol, ancien député.
Dubois, négociant.
Baron David, ancien ministre.
Napoléon David.
A. Deblois.
Dupin.
Eugène Delarue, négociant.
Desmaroux de Gaulmin, ancien député.
Dolphin, ouvrier tourneur.
Delapalme, notaire.
Dufour.
Du Plessis.
Madame du Plessis.
Dubois, ancien élève de l'école des Chartes.
Derecq, architecte.
De Dalmas, ancien député.

Durozey.
Duquenoy.
Delphy, étudiant.
Delpech.
Dezevaux.
Joseph Delaunay.
Didion, cordonnier.
Daguin.
Daroux, ouvrier du port de Grenelle.
Duris, sommelier.
Ernest Desonens.
Deloué, de Rouen.
E. Dumas.
Madame Dugué de la Fauconnerie.
Dautriaux.
Ernest Durand.
Delozière.
M. et madame Théophile Dourdun.
Delpierre.
Douchy-Lamarre.
E. Dubuisson.
Constant Dubuisson.
Madame Dubuisson.
E. Dourdin, avocat.

DELATTRE, conseiller à la Cour des comptes.
DELPIERRE-LEFRANC.
Olivier DARRICARÈRE.
DUMOULIN.
Jules DELCRO.
Joseph DUHAMEL.
Laurent DURAZZO, étudiant.
Gaston DUBOIS.
DESCAVES.
DELAUNAY-VERNHET.
DESAUTY.
Gaston des VERGERS, ancien auditeur au Conseil d'Etat.
Madame DUCOS.
DURUY, ancien ministre.
Léonce DUPONT.
M. et madame Albert DURUY.
Comte et comtesse DAVILLLIERS.
Jules DEMANGE, avocat.
DRÉOLLE, ancien député.
DESBOÏS.
DUMAIS, ouvrier.
DUMESNIL DE MARICOURT.
Léon DOUBLE.

E

Le général marquis d'Espeuilles.
La marquise d'Espeuilles.
Jules Espinasse.
M. et madame de la Espada.
Comte et comtesse d'Espineuil.
Comte d'Espagny.
E. Engeler.
M. et madame Escandon.
Contre-amiral Excelmans.
Elmèche.
Baron Eschasseriaux, deputé.

F

Falcon de Cimier, ancien préfet.
M. et madame Faucher.
Flaxland, éditeur de musique.
Général Frossard.
Général comte Fleury.
Comtesse Fleury.
Marquis de Forget.

Figeac.

Fleurant.

Frichot, ouvrier en pianos.

Fernandez.

Adrien et Maurice Fleury.

Duc de Feltre.

Comte de Faverney, premier secrétaire d'ambassade.

Tallot, ouvrier bijoutier.

Franceschetti.

De Fontenilles.

De Forcade La Roquette, ancien ministre.

Fayolle père.

De Feligonde, conseiller référendaire à la Cour des comptes.

M. et madame de Fontréal.

Festugières, ancien auditeur au conseil d'Etat.

Guillaume Flavel.

Edouard Fould, ancien député.

Faribaud.

Général marquis de Forton.

Jean Froidefond.

Franoix, avocat.

Henri de Fontbrune.

Frère, négociant.

Jules Fleury, ancien consul général.

Fleurant-Emsens.

Louis Fourel, négociant.

G

Duc de Gramont, ancien ministre.

Marquise de Galiffet.

Baronne de Galbois.

Gérard.

Gressier, ancien ministre.

E. Goupil, ancien maître des requêtes.

Grandperret, ancien ministre.

Alphonse Gautier, ancien conseiller d'Etat.

Octave de Gars.

Louis Guérin.

Gaudin, ancien conseiller d'Etat.

Marquis de Gricourt, ancien sénateur.

Gudin.

Gardeblé frères, cultivateurs.

Gilbert.

Marquis de Girardin, ancien sénateur.

Baron Gros, ancien sous-préfet.

Comte de Gardanne.

Baron de Gaal.

Alexandre de Girardin.

Baron Geiger, ancien sénateur.

Jules Goddier.

Gaupin.

Auguste Gillet, architecte.

Gimet, ancien préfet.

Gavini, député.

Madame Gavini.

Baron Gourgaud.

Napoléon Gourgaud.

De Guilloutet, ancien député.

Georges Gaussin.

E. Gournay.

Gandon.

Géry, ancien conseiller d'Etat.

Géry fils.

Fernand Giraudeau, ancien chef de division au ministère de l'intérieur.

Galloni d'Istria, député.

Gillond.

Giraud.

Garnier.

Garnier, ancien préfet.
Galotti.
Gaudrille.
Charles Guasco.
Grisé-Maillard.
T. de Gavre.
Gueymüller de Gall, ex-officier de mobile, journaliste.
Jacques Giudicelli.
François Giudicelli.
Madame Augustin Giudicelli.
Chev. de Gullinan.
Gardon, fabricant de pianos.
François Gambard.
Gambard-Frossard.
M. et madame Edmond Goisset.
Vicomte de Jessaint, ancien préfet.
Henri Guérard, négociant.
Glettely.
Gally.
Glorieux.
Gussal, étudiant.
Gabriel Gilbert.
Guillot.

Galaz.

J.-R. Girault.

Frère Géravat, des écoles chrétiennes.

H

Duc d'Huescar.
Marquis d'Havrincourt, ancien député.
Baron Haussmann, ancien préfet de la Seine.
Duc de Hamilton.
Maurice Haritoff.
Eugène Haritoff.
Baron Georges de Heeckeren.
Mademoiselle de Heeckeren.
Hyrvoix, ancien receveur général.
D'Hervilly.
Huet, ancien député.
Baron de Haber.
Madame et mesdemoiselles Hervey.
Gustave Hubert.
Paul Hubert.
Madame Hess.
Hartmann.

Comte de Hoggendorp.
Albert Hyrvoix.
Alphonse Hyrvoix.
William Hyrvoix.
Hubert-Delisle, ancien sénateur.
Haentjens, député.
Le colonel fédéral Hubert-Saladin.
Léon Harel.
Ch. de Harillon.
S. Huet.
Huet père.
Heurtel.
Albert Hans.
Adolphe Halopé.
Comte Maurice d'Irisson-d'Hérisson.
L'abbé Herpin.
M. et madame Hesling.
Antoine Hébert.
Hage.
Heuzey.
A. Huard.
Prosper et Félix Hannog.

J

Amiral Jurien de la Gravière.
Baron de Jancigny, ancien préfet.
Comte de Jaucourt, ancien député.
Baron de Joest.
Jubier, maçon.
Jolibois, ancien conseiller d'Etat.
Ch. Jolibois, ancien auditeur au conseil d'Etat.
Général baron de Juniac.
Baron Jeanin, ancien conseiller d'Etat.
Eugène Jeanin.
Vicomte de Jessaint, ancien préfet.
H. Ferningham, secrétaire d'ambassade.
Joly.
Jozau.
Jobert.
Jolieux.

K

Frédéric Kastner.

Kremer.
De Konsky.
Madame de Keraveno.

L

Levert, député.
Marquis de La Valette, ancien ministre.
Marquise de La Valette.
Charles Laffitte.
Marquis de Lezay-Marnésia.
Lamarre.
Docteur Lanslin.
J. de Lannoy.
L'abbé Laine.
Comte de Lavalette, ancien député.
Comtesse de Lavalette.
Louvet, ancien ministre.
Général Lebrun.
Napoléon Lacroix, négociant.
Eugène Lacroix, architecte.
Vicomte de Laferrière.
Docteur baron de Larroque.
Baron Lambert.

Tristan Lambert.
Marquis de Lagrange.
Octave Laine.
Comte Le Hon, ancien député.
Lafond de Saint-Mur, ancien député.
Liégeard, ancien député.
Jules Lefebvre, ancien préfet.
Armand Lefebvre, étudiant.
Lacombe, négociant.
A. Ladinelle.
Victor Lessage.
Amiral baron de La Roncière Le Noury.
Vicomte de la Guéronnière, ancien sénateur.
Comte Lemarrois.
Eugène Lagrange.
E. Laverge.
Lecomte, négociant.
Leroy, négociant.
Lehouelle, négociant.
De Lyden.
M. et madame de Lafaye de Guerre.
Vicomte de Labarthe, ancien sous-préfet.
A. Lasserre, ancien sous-préfet.
Léger de Saint-Malo.

A. Laviarde, de Reims.
Jules Labat.
Lachaud, éditeur.
Arthur Livet.
Lejean, tourneur.
M. Laglaine.
Luccioni, ex-sergent major.
Maréchal Le Bœuf.
Lecomte, ouvrier gazier.
Baron de Lajus.
Comte de Las Cases.
Louis Lemouel, serrurier.
Leroy, étudiant.
Comte de Labédoyère.
Jehan de Labédoyère.
Frère Liguori, visiteur des écoles chrétiennes.
Ledeuil-Morel.
Lachaud, avocat.
Lachaud fils.
Henriette Lucas.
Comte de La Chapelle.
Octave Lasus.
De Laire, ancien préfet.
Armand Lebrun.

Comte de Lastic.
Landin, architecte.
A. de Lavigerie.
Ed. Leps.
François Lefranc.
Docteur Livois, ancien maire de Boulogne.
Madame Lebatard.
Camille Lamblin.
François Lefebvre.
Ledoux-Dumoulin.
Lonck.
A. de Lalance.
Laroger-Cuvillier.
Leroy et Albert, coiffeurs.
Louis Leuillet.
Marquis de Lépine.
Labatut.
Lambert.
Leret d'Aubigny.
Lepidi.
Lué de Vars.
Vicomte de La Panouse.
De Laigle des Mazures.
Léglise.

David Lué.

Gustave Lévy, ancien officier.

Lauvert.

Linard, ex-sous-officier.

Lhomme.

Lefrançois.

Larau.

Laville.

Leguevel de la Combe.

Georges Leprince, négociant.

M

Comte de Montbard.

Duc et duchesse de Montmorency.

Morel.

Comte de Mosbourg, ministre plénipotentiaire.

Henri Morel.

L'abbé Morin.

Baron Mercier, ancien ambassadeur.

De Morlas.

A. Moreau.

Baron de Malaret.

Vicomte du Manoir.

La maréchale duchesse de Malakoff.

Mathieu, ancien député.
Maurice-Albert et Emmanuel Mathieu.
Mure, secrétaire d'ambassade.
Comte de Martel, ancien préfet.
Martin, doreur.
Général comte de Montebello.
Baron de Montbrun.
Maunier.
Baron Morio de l'Isle.
Madame Léopold Magnan.
Henri Morio de l'Isle, ancien sous-préfet.
Comte de Montcharme.
Baptiste Martin.
Comte et comtesse Malvezzi.
J. Mortimer.
Auguste Maquet.
Mademoiselle Albertine Martel.
François Mazurel.
Charles Maigne, ancien receveur général.
M. et madame Paul de Maupas.
Jules Mazurier.
Vicomte de Mentque, ancien sénateur.
Comte Joachim Murat, député.
Des Mazis.

Jules Morel.
Ernest Merson.
Mansart.
Docteur Maffeï.
Comte de Molinet.
Malcuite.
Comte Morand.
De Meynard, ancien maître des requêtes.
Arthur Mayer.
Mallet-Faure, négociant.
Ernest Mariani.
Maurice Mayer, négociant.
Muller.
Madame Edouard Maigne.
De Marcilly, ancien préfet.
Gaston de Marcilly.
Madame Merlin.
R. Martin.
Vicomte de Montchaux.
Général prince de la Moskowa.
Princesse de La Moskowa, née de La Roche-Lambert.
Merinet.
Jules Muller.

Magne.
Charles Masson.
M. et madame Charles Morange.
Auguste Malfroy.
Claude Maximilien.
Al. Marc.
M. et madame Mongrolle.
Mandolini.
Moreau, ancien maire.
Meurice.
L'abbé Métairie.
Mariotti.
Maufait.
Baron de Montour, ancien préfet.

N

Baron de Neuflize.
Norbert Billiart.
Comte de Nieuwerkerke, ancien sénateur.
Neveux-Feuillet.
Colonel Nissmann.
Octave Nadaud.
Victor Nadaud.

Madame Adeline Nourmot.
Général Negretto
Albéric Navone.
Noujaret.

O

Comte d'Ornano.
Ottaviani.
L'abbé Ouin-La-Croix.
Vincent Oswald.

P

Plichon, ancien maire d'Arras.
Piétri, ancien préfet de police.
Général comte de Palikao, ancien ministre.
Comtesse de Palikao.
Perrot, ouvrier.
Comte et comtesse de Pourtalès.
De Pont-Jest.
Vicomtesse Pajol.
Pinard, ancien ministre.

Pierre Pastré.
André Pastré.
Jules Pastré. .
Prunel.
Prince et princesse Poniatowski.
Comte de la Poeze, ancien député.
Comtesse de la Poeze.
Vicomte et vicomtesse Pernetty.
Paron de Pierres, ancien député.
Marquis de Piennes, ancien député.
Paillard, ancien préfet.
Général comte Pisani-Jourdan.
Perron, homme de lettres.
Piétri, ancien conseiller de préfecture.
Porte-Enseigne fils, ouvrier doreur.
Puech Cazelles.
Comte A. de Péon.
Pellegrini, artiste.
Pierron de Braboet.
Joseph Pascal.
Perard Bouteleux.
Eugène Préault.
Pochey Harrisson.
Philippe, maçon.

P. Perney.
Ch. Pilatte, dessinateur.
Palouzi.
Laurent Piétri.
Pascal Piétri, étudiant.
Policard.
L. Potier.
Polverini.
Pougeot.
Pasquier.
De Peyne.
Pugliesi Conti, ancien préfet.
Pauvert.
Perreau.
Planchon, berger.
Madame et mesdemoiselles de Pontchalon.
Madame Perkins.
Ad. Perkins fils.
Poupart, cultivateur.
Louis Pierre, ancien huissier.
Pelatane.
Petit.
Porriquet, ancien préfet.
Duc de Persigny.

Pierre P‍ichot, directeur de la *Revue Britannique*.
Paul Poggi.
Pierre-Paul Peretti.
Peabody.
Perivier.
Pouyer, négociant.
Perraud, lieutenant-colonel en retraite.
G. de la Pardilla.
Antoine Périvier.
Baron Pron, ancien préfet.
Peltreau.
M. et madame Paoli.
Mademoiselle Picon.
Poulin.

Q

Quittant.

R

Rouher, ancien ministre.
Madame et mademoiselle Rouher.

Général Reille.

Gustave Rouher.

Maurice Richard, ancien ministre.

M. et madame F. Rainbeaux.

Louis Roussel.

M. et madame Yveling Rambaud.

La maréchale comtesse Regnaud-Saint-Jean-d'Angely.

Louis Roger.

Rich.

Rollin.

Amiral Rigault de Genouilly, ancien ministre.

Rollet frères.

Rivière.

Richard-Benson, négociant.

Ragourd.

Renaudin.

Rescott.

Remoi.

Renault, mécanicien.

Comte L. de Roye.

Comte de Reiset, ministre plénipotentiaire.

Comtesse de Reiset.

Reymond.

Roy de Loulay, député.

Clément, Paul et Louis de Royer.

Albert Rémy.

Paul de Romeuf, ancien auditeur au Conseil d'Etat.

Comte de Raymond.

Comte et comtesse de Ripalda.

Jules Randouin, ancien sous-préfet.

Ramond, ancien auditeur au conseil d'Etat.

Roussel.

Roveda, ancien capitaine de la garde.

Docteur Roy.

J. Roger.

Roy, professeur.

François Raphael.

Richebé, ancien sous-préfet.

Roger-Marché.

M. et mademoiselle Roger.

Ricard.

Madame et mademoiselle Ragons.

S

Segris, ancien ministre.
Albéric Second.
Albert Sarlande.
M. et madame Santolini.
Spèque, César.
Thomas Sprent.
Sattiaggi.
Baron de Saint-Avoix
Georges Seigneur, avocat.
Emile Schmitt.
Colonel Stoffel.
M. et madame Sechet
De Steenbock.
Schœdler.
Salaoun.
Schimann, ancien officier.
Madame F. Souché.
Noël Sauveur.
Baron de Sède.
Colonel Santuperi.
Strauss

Samson, du Havre.
Sapia, ancien payeur général.
Sens, ancien député.
M. et madame Soulié.
Madame Sardou.
M. et madame Sion.
G. Souché.
Ch. de Sampayo.
Schneuer.
Mademoiselle Aglaé Schœble.
Selle.
Napoléon Sinibaldi.
Schneider, anc. présid. du Corps législatif.
Henri Schneider.
Strode.
Madame Seguin de la Salle.
La maréchale de Saint-Arnaud.
Comtesse de Sancy.
Comte de Suarez d'Aulan.
M. et madame de Saulcy.
Auguste Sebens.
Richard Serpette.
Comte de Saint-Exupery, ancien sous-préfet.
Comte de Saint-Roman.

Baron Servatius, ancien préfet.
De Saint-Paul, ancien sénateur.
De Saint-Hubert.
Cecil Standish.
Léon Sencier, ancien préfet.
Eugène Soumain.
Ernest Saulnier.
Savin.
M. et madame du Saussoy.
Serré-Dépoint, ancien maire.
Schaube, mécanicien.

T

Duc de Tarente, ancien sénateur.
Duchesse de Tarente.
Duc de Trévise, ancien sénateur.
Duchesse de Trévise.
Baron Tascher de la Pagerie.
Thélin.
Auguste Thierry.
Théroulde.
Edmond Tarbé.
Jacques Testut.

Tourangin, ancien préfet.
Tourel fils.
Thennot, ouvrier papetier.
Thourette, négociant.
Madame Thuillier.
Georges Thuillier.
Tradot.
Tricot-Jouvellier, négociant.
Thomas Caro.
Lucien Tricot, avocat.
Vicomte Léo de Turenne.
Vicomte Guy de Turenne.
Vicomte Treilhard, ministre plénipotentiaire.
Thorillon, ouvrier ciseleur.
Madame Amédée Thayer.
Edouard Troplong.
Thoinnet de la Turmelière, ancien député.
M. et madame Félix Target.
Jules Tellier.
Baron de Trélan.
Teurault.
Charles Thomas.

V W

Général de Waubert de Genlis.
Comtesse Walewska.
Comte et comtesse Alexandre Walewski.
Comte et comtesse de Viry-Cohendier.
Vicomte Walsh.
Comte Valéry.
Viggiani.
Auguste Vitu et son fils.
Verdier, négociant.
Mademoiselle Vaugham.
Baron Henri de Worms.
De Vergennes.
Le Vayer.
Baron de Vast-Vimeux, député.
De Valon, député.
Georges Villot.
Madame Vuichott.
Van de Weld.
Madame Arthur des Varannes.
Louis des Varannes.
Yvan de Wœstyne.

Vuhrer.
Baron de Villeret, ancien sous-préfet.
Prince Alexandre de Wagram.
Madame Vernier.
Colonel Verly et son fils.
J. Vico.
Worth.
Comte Paul Wagner.
F. Vidal.
Wenling, brasseur.
Watrin.
Joseph Vigné.
Vanuzzi, étudiant.
Ange Vanuzzi.
Vernier, ancien conseiller d'Etat.
Verdé de Lisle, négociant.
Vacherie, avocat.

Z

Zerbi, ancien sous-préfet.

On vient de lire sur cette liste les noms de presque tous les dignitaires et hauts fonctionnaires de l'Empire. La plupart de ceux qu'on pourrait s'étonner de n'y pas voir figurer étaient retenus en France par la maladie ou quelque autre empêchement absolu et avaient fait connaître à l'Impératrice les motifs de leur absence. Nous ne pouvons indiquer tous ceux qui se sont excusés de la sorte ; on ne le pourrait pas même à Camden-Place, car les corbeilles où s'entassaient les milliers de lettres adressées à l'Impératrice depuis le 9 janvier ne sont pas encore vidées.

Nous savons seulement que dans le nombre figurent MM. Magne, de Maupas, Duvergier, duc de Padoue, Chevandier de Valdrôme, Rouland, de Royer, anciens ministres ; le général vicomte Pajol, le général comte Lepic, le général Favé, aides de camp de l'Empereur ; le comte de Casabianca, le comte François Clary, le comte de Barral, Amédée Thierry, sénateurs ; Prax-Paris, député ;

baron Mariani, vicomte Clary, prince de Beauvau, le marquis de la Tour-Maubourg, marquis de La Tourette, anciens députés ; le marquis de Cadore, ministre plénipotentiaire; MM. Anselme Petetin, le vicomte de Casabianca, le vicomte de l'Aigle, membres du Conseil d'Etat; le comte de Coëtlogon, ancien préfet ; le marquis de Laubespine-Sully, le marquis de Bois-Thierry, anciens sous-préfets, ete., etc.

On sait que MM. de Cassagnac, père et fils, et M. Dugué de la Fauconnerie, avaient cru devoir, dans ces tristes circonstances, rester à leur poste : M. Granier de Cassagnac et M. Dugué de la Fauconnerie, à la rédaction de l'*Ordre*; M. Paul de Cassagnac à celle du *Pays*.

*
* *

Les numéros suivants du journal *l'Ordre*

constatent encore la présence, à Chislehurst, des visiteurs dont les noms suivent :

ADLON fils.

Baron de FARINCOURT.

Antoine de LA ROCCA.

LECONTRE, de Sèvres.

MONCHAUX.

Madame veuve G. KASTNER.

Se sont excusés par lettre, de n'avoir pu assister aux funérailles :

Camille DOLLFUS, ancien député.

Achille JUBINAL.

Philippe de SAINT-AUBIN, ancien bibliothécaire de l'Impératrice.

TABLE

⌘

Pages.

Procès-Verbal de la Cérémonie des funérailles de l'Empereur Napoléon III..... I

⌘

Liste des personnes venues, à cette occasion, de France à Chiselhurst................ 33

Achevé d'imprimer

PAR

LE TYPOGRAPHE ALCAN-LÉVY

POUR

LA LIBRAIRIE GÉNÉRALE

le 10 février 1873

www.ingramcontent.com/pod-product-compliance
Lightning Source LLC
LaVergne TN
LVHW050644090426
835512LV00007B/1021